PAYSANS
nos racines

53, rue Fernand-Forest, Z.A. de l'Artière, 63540 Romagnat
Diffusion : *De Borée*
Dépôt légal septembre 2004
ISBN 2-84494-246-6

site internet : www.franceinter.com

Pierre Collombert
Jean-Pierre Coffe

PAYSANS
nos racines

De Borée

AVANT-PROPOS

Un enfant, rêveur, juché sur une remorque…
Au lavoir, les femmes s'activent…
Une solide paire de bœufs tire la charrue …
La camionnette de la boulangère s'arrête
dans chaque ferme…
Les générations cohabitent : famille, je vous aime !…
Moissons, vendanges, agneau qui vient de naître…
Pas peu fier l'éleveur devant ses brebis !…
La fête du cochon ? Des ripailles en perspective…
Les premiers tracteurs, une révolution !…
La noce traverse le village : vive la mariée !…
Dans la classe, des écoliers appliqués…
À l'heure de la traite, complicité entre l'homme et l'animal…
La fabrication du roquefort, celle du foie gras,
illustrations des savoir-faire…
En réunion syndicale,
tensions et espoirs sur les visages…
Vendangeurs et vendangeuses joyeux…
La transhumance, voyage mythique…
À la coopérative, on discute…
L'usine de beurre, rutilante…
Des vacanciers curieux parcourent la campagne à vélo…

Autant d'instantanés qui racontent l'histoire du monde paysan de 1960 à nos jours. Des portraits saisissants de sincérité, chargés d'émotion, que Pierre Collombert a "croqués" sur le vif, fixant à travers l'objectif de son appareil un événement, un visage, un regard, un geste, un rire ou une larme. À l'esthétisme, Pierre Collombert préfère l'authenticité. Témoins ses clichés, des documents d'histoire d'où émane une grande humanité.

Ce livre n'entend pas faire l'oraison funèbre des paysans, mais retracer l'extraordinaire mutation du monde rural au cours du XXe siècle. Qu'on imagine la vie de ces hommes et femmes de la terre, il y a moins de soixante ans ! Trois générations travaillaient et vivaient sur la ferme : grands-parents, parents et enfants partageaient souvent l'intimité d'une pièce unique. L'eau courante n'existait pas, ils la tiraient au puits. Ils s'éclairaient à la bougie, à la lanterne, les plus modernes à l'électricité. Des chevaux, une paire de bœufs étaient les seuls moyens de traction. Ils moissonnaient, trayaient à la main, vendaient leur production sur les marchés locaux. Ils glissaient l'argent dans l'armoire, entre les draps, se méfiant du banquier et du conseiller de la coopérative. Le grand-père partait le premier, la grand-mère travaillait jusqu'à son dernier souffle. La mère ne ménageait pas sa peine, les enfants aidaient aux différentes tâches après l'école. On ne devenait pas paysan, on naissait paysan. De père en fils ! On ne choisissait pas son destin, il était inscrit dans les gènes, coulait dans le sang familial

Soudain, tout a basculé. Après la Seconde Guerre mondiale. Il a fallu nourrir une France affamée, accompagner l'explosion démographique. Guidé par l'urgence, le monde paysan est entré de plain-pied dans la modernité, évoluant en une décennie plus qu'en deux ou trois générations. Chacun a revendiqué sa part de progrès. Attirés par les lumières de la ville, beaucoup de jeunes ont fui le métier, accélérant du même coup la mécanisation.

Le tracteur a supplanté le cheval, la machine a remplacé les bras, les engrais se sont substitués au fumier. Le banquier, le marchand de semences, le négociant, le conseiller agricole se sont succédé dans la salle commune. L'agricultrice s'est émancipée, a revendiqué un statut, une reconnaissance sociale. Elle a participé aux réunions syndicales, pris des responsabilités, manifesté pour la défense des prix agricoles.
Les enfants ont fréquenté le collège, le lycée, l'université. Ceux qui sont revenus sur l'exploitation familiale, titulaires d'un brevet de technicien agricole, n'ont pas manqué de reprocher à leurs parents d'être en retard sur les dernières innovations techniques, les cultures performantes. Rien d'étonnant à ce qu'en moins de quarante ans la production agricole ait doublé ! La France a perdu dans le même temps plus des deux tiers de ses agriculteurs.
Ces agriculteurs modernes sont-ils encore des paysans ? Certains, malmenant le métier et l'environnement, se sont mis à dos une partie de la population. D'autres, plus réfléchis, savent marier tradition et modernité, production et alimentation saine, respect de la terre et entretien des paysages. Généreux, gardiens d'une nature vivante, ils sont l'honneur de nos régions.

Ils méritent qu'on aille à leur rencontre...

Jean-Pierre COFFE

LA VIE RURALE

LA VIE RURALE

DANS LES CAMPAGNES, plus qu'ailleurs, on vit au rythme des saisons. L'été, la plus belle... pour les vacanciers, la plus laborieuse pour les paysans, annonce les récoltes : promesses tenues ou déçues, sourires ou grimaces. À la Saint-Jean, les faucheuses débarrassées de la rouille partent au pré, les faneuses brassent l'herbe fraîchement coupée. Le paysan scrute le cie, il implore les nuages en embuscade : "pas de pluie, s'il vous plaît". Sous le soleil, il saisit une poignée de foin sec, la frotte entre ses mains calleuses, la hume longuement, ses yeux pétillent, le lait sera bon l'hiver prochain. La botteleuse n'attend pas, le tracteur et sa remorque non plus. Fier des responsabilités qu'on lui a confiées, un môme de douze ans, trop frêle pour soulever les bottes à la fourche, conduit l'attelage.
13 heures au clocher du village ! Les femmes arrivent, chargées de paniers. À l'ombre de la haie, elles étalent une nappe sur l'herbe. Les hommes abandonnent la casquette, la bouteille de cidre passe de main en main, les couteaux se déplient : du pain, de la charcuterie, un morceau de fromage, un grand saladier de fraises. Les gamins rient, jouent dans le foin, on s'offre un peu de repos.

Petits moments de bonheur.
Juillet en pente douce. Après les foins, les moissons. La Beauce retient son souffle : l'épi doré, gorgé d'amidon, pique du nez, le signal est donné. Dans un nuage de poussière, la moissonneuse gronde, avale l'orge et le blé. Dans la vallée du Rhône, les mains habiles cueillent délicatement les premières pêches, les premiers abricots. Du côté de Marmande et de Cavaillon, il faut courber l'échine pour ramasser les tomates et les melons.

AOÛT. PRUNES ET RAISINS APPARAISSENT ; POMMES ET POIRES SE FONT SÉDUISANTES. EN LORRAINE, LA TARTE AUX MIRABELLES S'INVITE À TOUS LES REPAS. LA VIGNE ATTEND SON HEURE, ELLE NE SAURAIT TARDER.

Août. Prunes et raisins apparaissent ; pommes et poires se font séduisantes. En Lorraine, la tarte aux mirabelles s'invite à tous les repas. La vigne attend son heure, elle ne saurait tarder.
Déjà septembre. La lumière se fait douce. Granges et greniers sont remplis. Adieu culottes courtes, l'heure de la rentrée des classes a sonné. Au bout du chemin, les

enfants, cheveux en bataille, attendent le car scolaire, le cartable dans une main, la "cantinière" dans l'autre. Les plus grands, avec leur petite valise, partent en pension à la ville ; collège ou lycée, c'est le saut dans l'inconnu.
Les jours déclinent. Les anciens entendent mettre l'automne à profit, peut-être le dernier... Ils ont préparé la charrue en vue des labours. C'est eux qui conduisent chevaux ou paire de bœufs, ils n'ont pas connu le tracteur. Vacances... retraite à soixante-cinq ans... voilà bien un langage de citadins ! La grand-mère n'a plus la force de traire les vaches, de sarcler les choux. Dans la cuisine, assise à côté de la fenêtre, l'hiver près de la cheminée, elle reprise, épluche les légumes, veille sur le dernier-né.
Les générations cohabitent, les points de vue s'opposent ; les jeunes, encouragés par les conseillers du Crédit Agricole, plaident pour le progrès, les aînés, réticents, préfèrent attendre. La famille finit par triompher, forte de son instinct de conservation, soudée dans une même communauté d'intérêts, attentive à la nécessité de faire fructifier la terre.
Le boulanger klaxonne. La paysanne se hâte vers la camionnette, un marmot dans ses jambes. "Un pain de six livres, comme d'habitude ?" Le gamin lorgne sur les croissants. "Quoi de neuf au village ? Il paraît que le père Vincent est au plus mal." L'enfant tire sur la jupe de sa mère. "Je viens de croiser le curé, il se pressait pour lui porter les derniers sacrements. Ça m'étonnerait pas qu'on entende sonner le glas." Le môme pleure son croissant. "C'est bien triste... C'est la vie !" Boulanger, facteur et épicier, de ferme en ferme, colportent les nouvelles, les bonnes et les mauvaises, capitales ou anodines.
Une pluie fine ternit le paysage. Les poules se réfugient dans l'étable, les femmes rentrent du lavoir. La journée n'est pas terminée, cet après-midi, corvée de pommes à cidre. Accroupies sous les arbres, les jupes ramassées, un fichu noué sur la tête, elles fouillent l'herbe humide, les mains ont perdu leur jeunesse. Au loin, les vaches saoules meuglent. Au vrombissement du car scolaire qui redémarre, aux exclamations des enfants qui se rapprochent, les femmes se lèvent, déposent les seaux au pied des pommiers ; les hommes les ramasseront avec la charrette.

DANS L'ÂTRE,
LES FLAMMES CARESSENT
LE CHAUDRON
OÙ MIJOTE LA SOUPE
DE LÉGUMES,
LES PARFUMS
ONT ENVAHI LA CUISINE.

Dans l'âtre, les flammes caressent le chaudron où mijote la soupe de légumes, les parfums ont envahi la cuisine. Sous le regard de la grand-mère, les enfants jettent leur cartable, se changent, avalent une tartine de confiture de mûres et un bol de lait chaud. Les devoirs et la partie d'osselets peuvent attendre, les animaux, non ! Dans les exploitations modernes, la machine à traire ronronne, le poste de radio laisse échapper quelques notes de musique. Ailleurs, dans le silence, à peine troublé par le souffle des ruminants, le mouvement de leurs mâchoires et le cliquetis des chaînes d'attache qui s'entrechoquent, des mains agiles font couler le lait.

DANS LE SILENCE, À PEINE TROUBLÉ PAR LE SOUFFLE DES RUMINANTS, LE MOUVEMENT DE LEURS MÂCHOIRES ET LE CLIQUETIS DES CHAÎNES D'ATTACHE QUI S'ENTRECHOQUENT, DES MAINS AGILES FONT COULER LE LAIT.

La traite terminée, la nuit tombée, les animaux se couchent sur la paille. Dans la laiterie attenante, le paysan devient fromager. Chacun est jaloux de sa recette, mais les savoir-faire se valent. Dans la bassine en bois, le lait encore chaud coagule sous l'emprise du caillé ; le fromage tranché, moulé à la main, s'égoutte à travers un linge. Dans les régions de montagne, le Jura par exemple, les éleveurs mélangent leur lait pour façonner de lourdes et volumineuses meules de Comté.

DEMAIN, C'EST SAMEDI. JOUR DE MARCHÉ AU CHEF-LIEU DU CANTON. LA VOITURE – OU LA CARRIOLE – EST ABONDAMMENT CHARGÉE : FROMAGES, BEURRE, CRÈME, ŒUFS, LÉGUMES ET QUELQUES VOLAILLES.

Demain, c'est samedi. Jour de marché au chef-lieu du canton. La voiture – ou la carriole – est abondamment chargée : fromages, beurre, crème, œufs, légumes et quelques volailles. Le paysan a longtemps coiffé plusieurs casquettes, cultivateur, éleveur, fromager et... commerçant !
Vendre n'est pas aisé. Timide et emprunté derrière son étal de fortune, installé dans la rue commerçante, il observe, méfiant, le va-et-vient des chalands. Va-t-il savoir débattre, négocier, sans brader le

prix de sa sueur ? La concurrence est vive, le gain souvent maigre.

L'HIVER, LA CAMPAGNE SOMMEILLE, PARFOIS SOUS LA NEIGE. LES JOURNÉES SONT COURTES, MAIS LE PAYSAN NE MANQUE PAS D'OUVRAGE...

L'hiver, la campagne sommeille, parfois sous la neige. Les journées sont courtes, mais le paysan ne manque pas d'ouvrage, les animaux à l'étable sont exigeants, il faut les nourrir, les traire, enlever le fumier, changer la paille. Sans oublier de tailler les haies, couper du bois, fagoter, réparer les clôtures. Avec pour unique récompense la promesse d'un verre de vin chaud ou d'un bol de café.

Noël... Épiphanie... Mardi gras... Rameaux... Pâques... Enfin les beaux jours ! La nature se réveille, les bourgeons explosent. Les vaches, les pattes engourdies, retrouvent les pâtures. Les travaux des champs occupent tous les bras, le paysan se fait semeur.

Le curé célèbre le premier mariage du printemps, la noce endimanchée danse jusqu'à l'aube. Les jeunes époux seront-ils à leur tour paysans ? Accepteront-ils la dureté de la vie rurale ? Rien n'est moins sûr.

Les séductions de la ville s'accentuent, engageantes et menaçantes. Le travail en usine ne promet-il pas des journées de huit heures, les congés payés, un appartement moderne dans une H.L.M., avec cuisine aménagée, salle de bains et téléviseur ?

La transformation de la vie rurale est amorcée, inéluctable. La mécanisation accélère l'exode, les villages se dépeuplent, l'isolement des paysans s'accroît dans les campagnes, dans la société également. Le rythme des saisons demeure, indifférent à ces bouleversements.

CHATILLON
1951

Je voyais les moissons,
du soleil éclairées,
Ondoyer mollement
sur les plaines dorées.

Saint-Lambert

(...) Quand je l'eus regardé labourer assez longtemps,
je me demandai pourquoi son histoire ne serait pas écrite ;
quoique ce fût une histoire aussi simple,
aussi droite et aussi peu ornée
que le sillon qu'il traçait avec sa charrue.

George Sand

N491ª
St GERMAIN 2
LA CHAMBOTTE 4.2
CESSENS 6.5
VILLETTE
La Chambotte
Col du Sapenay

Ils furent les derniers à traîner le bois
derrière un "mansou",
les derniers à faire crisser
les roues ferrées d'un "charret"
sur le goudron de nos routes,
les derniers à charrier le fumier
dans un "barot"...

Yvonne Dubois

Tout homme vaillant prenait sa faux,
celle qui lui allait bien et qu'il avait affûtée.
Dès le point du jour, c'était le meilleur moment ;
l'herbe était reposée, humide de rosée.
La lame passait sans effort.
Et l'herbe ramassée sur elle-même tombait en bordure,
plus que jamais odorante.

Louis Cadoux

Les mots sont aussi nécessaires aux gens
que le pain.

Alice Parizeau

Terre
En ton sein
Juste y semer un grain
Et voici le pain.

La porte tout le jour demeure ouverte
et laisse entrer paisiblement au cœur de la maison,
la lumière du ciel et l'odeur des saisons.

Louis Mercier

Paul

En cercle un même attrait rassemble autour de l'âtre
La vieillesse goutteuse et l'enfant folâtre.

Delille

LEOPOLD

… La nature est gelée,
le vent souffle,

l'air est pur.
La terre se repose.

On a senti de loin cet énorme fromage
Qui doit tout son mérite aux outrages de temps.

Berchoux

8364·FM·78

Peut-être voudrais-tu, dès la saison de Flore,
Prévoir pour toi ce que l'été va faire éclore ?
Regarde l'amandier reverdir tous les ans,
Et courber en festons ses rameaux odorants ;
Abonde-t-il en fleurs par des chaleurs ardentes,
Le soleil mûrira des moissons abondantes,
Si des feuilles sans fruits surchargent ses rameaux,
Le fléau ne battra que de vains chalumeaux.

Virgile

Je trouve plus de plaisir
à labourer, à semer,
à planter, à recueillir
qu'à faire des tragédies.

Voltaire

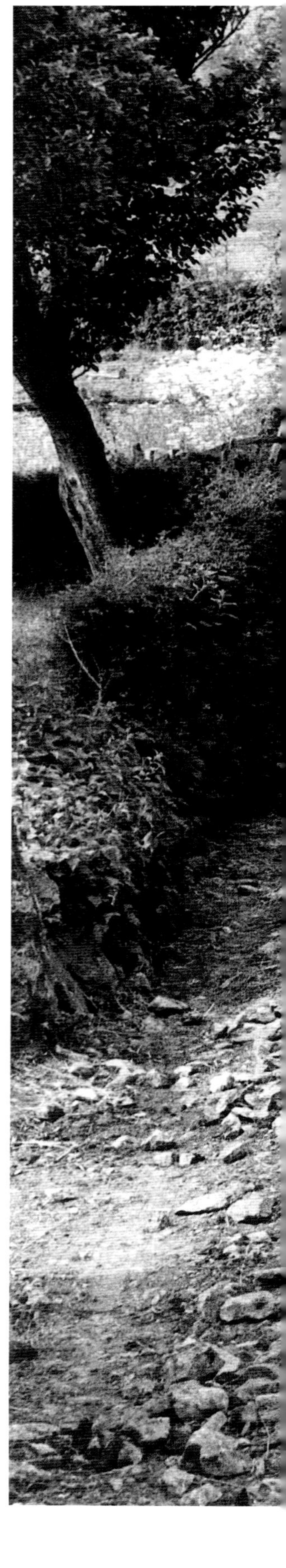

On ne passe pas ici
sans refaire l'histoire d'une vie d'homme,
de nombreuses vies, inconnues, ignorées
et pourtant évidentes et nécessaires.

André Chamson

Ses bœufs fatigués
marchent le cou penché,
d'un pas lent et tardif,
malgré l'aiguillon qui les presse.

Fénelon

Cheval vapeur, toi le tracteur
Grâce à qui l'agriculteur
A révolutionné son secteur
Tu as facilité le travail
Soulagé le bétail
Tes multiples fonctions
Sont une révolution
Tu es devenu l'artisan
De ce monde paysan.

M1002
FAHR

Ces bras trop longs d'avoir tenu trop d'outils au manche trop court,
ces jambes tordues d'avoir marché sur les deux côtés du sillon
et surtout dans des terres inégales.

André Chamson

LE PERTUIS 8
St ETIENNE
YSSINGEAUX

dictée recopiée
est une jolie chèvre
le loup a des dents
rouge
dictée

La rue est
par excellence
le lieu de
la sociabilité villageoise.
Une partie des tâches
s'y déroulent,
les chemins
menant aux champs
et aux prairies
y convergent,
si bien que les nouvelles
y circulent vite.
Les femmes
se retrouvent autour
des fontaines,
les vieux sur les bancs,
les enfants sur la place…

CHOPE MONDETOUR
VINS
LIQUEURS

RENAULT
9361
XC78

BIÈRE D'ALSACE
ADELSHOFFEN
TABAC
CRÉDIT
AGRICOLE
IV
LICENCE
62

CREDIT AGRICOLE MUTUEL
CREDIT AGRICOLE MUTUEL de L'ARIEGE

Juchés sur leurs mulets,
les exploitants d'un bout du village se tiennent au courant
de ce qui se passe à l'autre bout,
jettent un coup d'œil sur les cours, jugent l'état des troupeaux.

9 TV 75

SUPRA

D

Dans mon pays,
les gens parlent
avec leur voisin.

Dans mon pays,
les racines des arbres
et des gens
sont profondes…

FIERS DE LEUR MÉTIER

FIERS DE LEUR MÉTIER

ILS ONT LES TRAITS SCULPTÉS DANS LA TERRE, le regard parfois triste, découragé. Mais quand on leur parle de la beauté de leur métier, de leurs troupeaux bien soignés, de leurs champs labourés au cordeau, du bouquet de leur vin, de leurs fruits sucrés et parfumés... soudain, l'œil s'éclaire. La fierté se lit sur leur visage. C'est cette fierté, acquise de haute lutte, transmise de père en fils, qui leur donne la force d'affronter la dureté et les vicissitudes de la nature et de leur métier.

L'histoire de la paysannerie est jalonnée de jacqueries et de révoltes, parfois violentes, souvent réprimées dans le sang. Le paysan a courbé l'échine devant le noble, le bourgeois terrien, l'usurier, l'agent du négoce ou le marchand de bestiaux. Il s'est battu pour s'affranchir du joug des possédants, à commencer par les "maîtres de la terre".

L'avons-nous oublié ?

Jusqu'à la Révolution française, le paysan, serf ou vilain, subissait, tel un esclave, l'autorité du seigneur féodal, payant la dîme et la gabelle. De disette en disette, affamé, il noircit les cahiers de doléances, participe activement à l'effervescence de 1789. Dans la nuit du 4 août, avec l'abolition des privilèges, de la mainmorte, des corvées et du servage, le paysan gagne deux droits élémentaires : la dignité et l'accès à la propriété. Jules Ferry écrira plus tard : "La première République nous a donné la Terre, la deuxième le Suffrage, la troisième le Savoir."

C'EST CETTE FIERTÉ, ACQUISE DE HAUTE LUTTE, TRANSMISE DE PÈRE EN FILS, QUI LEUR DONNE LA FORCE D'AFFRONTER LA DURETÉ ET LES VICISSITUDES DE LA NATURE.

Le rêve révolutionnaire d'égalité fut de courte durée, le réveil douloureux. En ville comme à la campagne. Au XIXe siècle, la petite paysannerie subit la domination de la bourgeoisie terrienne. Métayers et fermiers paient leur écot au propriétaire qu'ils appellent révérencieusement "Monsieur". Comme sous l'Ancien Régime, le rapport de force est inégal.

Nouvelle étape dans la conquête de leur fierté : la révolution de 1848 et l'instauration du suffrage universel. La paysannerie vote massivement pour la République, mais, ne nous leurrons pas, dans le seul but de s'émanciper des notables et de l'autorité du clergé. Après la chute du Second Empire, à la Chambre des députés, au Sénat surtout, la voix des campagnes résonne de plus en plus fort. "Notre victoire est rurale, non urbaine ; c'est le républicain des campagnes qui s'est levé en masse", s'enflamme Jules Ferry, le 7 juillet 1890.

À la fin du XIXe siècle, le négoce, à son tour, fait les frais de l'action collective de la paysannerie. Le monde agricole traverse alors l'une des plus graves crises économiques qu'il ait connues, le phylloxéra ravage la vigne, les prix à la production chutent. Le monopole des négociants privés sur le commerce des engrais et des denrées agricoles précipite la naissance des premières coopératives. Les paysans prennent alors conscience de leur pouvoir économique ; libres de commercialiser leur récolte, ils saisissent l'opportunité d'être rémunérés à un plus juste prix.

Tout au long du XXe siècle, ces structures coopératives et mutualistes fondées sur la solidarité professionnelle prospèrent et s'étendent à tous les secteurs, y compris celui des banques et des assurances. Certaines, fortes de vingt mille coopérateurs, rivalisent avec plus ou moins de succès avec les multinationales de l'industrie agroalimentaire. Dans la course au gigantisme, beaucoup perdent leur âme, ciment de la fierté des paysans de base.

LA SOLIDARITÉ
SOCIALE ET PROFESSIONNELLE
A CONSTITUÉ LE FERMENT
D'UNE IDENTITÉ PAYSANNE FORTE.

Regrouper ses forces, s'entraider, s'associer, partager l'usage d'un tracteur, d'une moissonneuse-batteuse ou d'une ensileuse... La solidarité sociale et professionnelle a constitué le ferment d'une identité et d'une organisation paysanne forte qui va marquer toute une époque.

Tout commence dans les années 1920. Une poignée de jeunes s'élève contre la fatalité, le découragement et l'exode rural. Ils se réunissent autour de prêtres issus du catholicisme social, sillonnent les campagnes, encourageant filles et garçons à les rejoindre. De village en village, des petits groupes de réflexion et d'action se forment. Initialement, pour organiser des jeux, des fêtes, égayer la vie rurale. La Jeunesse agricole chrétienne, la fameuse J.A.C. est née. La révolution silencieuse se met en marche.

Après la Libération, ce mouvement de jeunesse s'amplifie. Il favorise la prise de conscience de tout un milieu social et accompagne la modernisation de l'agriculture. Sortir les paysans de leur isolement, effacer leur image de "culs-terreux", leur accorder une reconnaissance dans la société française en reconstruction, les "Jacistes" y sont déterminés. Les activités se multiplient, à chaque étape de la vie du jeune rural : formation professionnelle et préparation au métier d'agriculteur, vie civique et sociale, loisirs également, avec les "coupes de la joie"... La pédagogie se veut active, basée sur une méthode propre au mouvement, le fameux "Voir - Juger - Agir". Les objectifs sont clairs : amener les jeunes ruraux à discuter, échanger, briser la solitude, reprendre confiance, s'exprimer, analyser, proposer, entreprendre, accepter des responsabilités...

La somme de ces actions étayées par de nombreux stages de formation finit par donner corps à une conscience et à un projet collectifs. Et en 1950, à l'appel de la J.A.C., 70 000 jeunes paysans, venus des régions les plus reculées, se rassemblent pendant trois jours au Parc des Princes, sous le regard ébahi des Parisiens.

Cette capacité à mobiliser surprend jusque dans les rangs de la F.N.S.E.A., le syndicat agricole des aînés. Entre jeunes et moins jeunes, le courant passe mal. Les militants de la J.A.C. sont décidés à faire bouger les choses et, en 1956, le C.N.J.A. (Centre national des jeunes agriculteurs) prend son envol. "La question des prix agricoles ne doit plus constituer le seul pivot de l'action syndicale" martèlent ces jeunes dirigeants qui exigent des réformes en profondeur pour moderniser l'agriculture. Séduits par ce nouveau discours, le général de Gaulle et le Premier ministre Michel Debré les invitent à la table des négociations. Les discussions nourrissent les lois d'orientation de 1960 et 1962, mais cette "Charte agricole de la Ve République", qui, selon Michel Debré, doit "orienter l'agriculture pour une génération et même davantage", n'est pas du goût de la F.N.S.E.A., ni de l'aile conservatrice du Parlement qui veut la vider de sa substance.

À l'appel du C.N.J.A., les jeunes agriculteurs n'hésitent pas, ils descendent dans la rue. Les manifestations sont violentes ; la sous-préfecture de Morlaix est mise à sac. Un nouveau ministre de l'Agriculture est nommé, Edgard Pisani. Fin politique, il fait voter, en 1962, une loi d'orientation qui reprend, presque mot pour mot, le projet originel, notamment la politique d'encadrement du foncier, les aides à l'installation des jeunes, la loi sur l'enseignement professionnel agricole, la mise en place de structures de développement, l'accès à l'assurance maladie... Cette victoire du C.N.J.A. installe le syndicalisme comme partenaire officiel dans la gestion de la politique agricole. Les Français découvrent, aussi important que le Salon de l'agriculture, le rituel des conférences agricoles annuelles qui sacralise, sous les lambris de Matignon ou de l'Élysée, l'alliance entre l'État et la paysannerie.

Dans la lutte, les femmes ont longtemps été discrètes, du moins en apparence. Dans les coulisses, elles se battent pour une autre reconnaissance, celle de leur travail au quotidien. Qui trait, conduit le tracteur, soigne les animaux, tient la comptabilité, participe aux décisions... entretient de surcroît la maison et veille à l'éducation des enfants ? Qui sont-elles au regard de la société ? Au mieux des épouses d'agriculteurs, des mères de famille, au pire des "sans profession" qui, jusqu'en 1976, n'ont pas droit aux congés de maternité. Les paysannes revendiquent un "statut de coresponsabilité", elles l'obtiennent en 1980. Partiellement... Nouvelle étape en 1994 : pour la première fois, une femme est élue à la présidence du C.N.J.A. Depuis ce jour, les agricultrices sont, enfin, officiellement, fières de leur métier.

J'aime les paysans,
ils ne sont pas assez savants
pour raisonner de travers.

Montesquieu

… La nature est éternellement jeune,
belle et généreuse.
Elle verse la poésie et la beauté à tous les êtres,
à toutes les plantes,
qu'on laisse s'y développer à souhait.
Elle possède le secret du bonheur
et nul n'a su lui ravir.
Le plus heureux des hommes
serait celui qui, possédant la science de son labeur,
et travaillant de ses mains,
puisant la liberté
dans l'exercice de sa force intelligente,
aurait le temps de vivre
par le cœur et le cerveau.

George Sand

DEBATISSE mon petit lapin
si tu MAGOUILLES
JACQUOU
VEILLE
ILS SONT EN PRISON
LE PAYSAN nantais

L'homme vivant est un groupe.

Pierre-Joseph Proudhon

969

Heureux qui, loin du bruit,
sans projet, sans affaires,
Cultive de ses mains
ses champs héréditaires,
Qui, libre de désirs,
de soins ambitieux,
Garde les simples mœurs
de nos sages aïeux.

Andrieux

On a trouvé, en bonne politique,
le secret de faire mourir de faim ceux qui,
en cultivant la terre, font vivre les autres.

Voltaire

“Que la route
vienne à votre rencontre,
que le vent
soit toujours derrière vous,
que le soleil
vous réchauffe le visage,
et que la pluie
tombe doucement
sur vos champs”.

Ancien poème irlandais

DES ANIMAUX
DES ÉLEVEURS

DES ANIMAUX, DES ÉLEVEURS

TOUT EST DANS L'ŒIL, dans le geste, dans la parole...
Sous le soleil printanier, cinq splendides génisses maine-anjou paissent une herbe grasse. L'éleveur les ausculte du regard, s'approche doucement, il leur parle. Les animaux esquissent un mouvement de recul. La main caresse la croupe, le poil brillant, les doigts palpent la peau, apprécient l'état d'engraissement. En quelques secondes, le verdict tombe : "Cette fois, elles sont bonnes !" Demain, la bétaillère les emmènera pour un dernier voyage.
L'œil et le geste. La traite, moment privilégié pour observer le troupeau, instant fugace de communion entre l'homme et l'animal, est ponctuée d'une caresse, la pression sur la mamelle pour extraire le lait.

LE GESTE ?
EXPERT,
QUAND L'ÉLEVEUR ACCOMPAGNE
LA MISE BAS DE LA BREBIS
OU DE LA VACHE,
SOIGNE LE VEAU ET LE PORCELET,
NOURRIT LES POULETS,
LES CHÈVRES.

Le geste ? Expert, quand l'éleveur accompagne la mise bas de la brebis ou de la vache, soigne le veau et le porcelet, nourrit les poulets, les chèvres. Immuable, véritable cérémonial, quand, sur les marchés aux bestiaux, le même éleveur, fébrile, tape dans la main du maquignon. L'homme à la veste noire court les fermes et les marchés en vif, il achète le bétail sur pied. Face à lui, le paysan et sa vache au bout d'une corde ne pèsent guère. La séparation est parfois douloureuse, car l'homme et l'animal vivent en symbiose.
Témoin l'histoire de l'aubrac, jolie vache à la robe fauve et aux cornes en lyre, originaire des monts du Cantal, de l'Aveyron et de la Lozère. Rustique, douée d'indéniables qualités maternelles, l'aubrac a longtemps transhumé avec son veau, aux premiers jours du printemps. Dans les alpages, elle nourrissait son petit qui ne se privait pas de brouter aussi l'herbe des montagnes. Le reste de son lait servait à la fabrication du cantal ou du laguiole. À l'automne, l'éleveur, ses vaches, ses veaux et ses fromages redescendaient passer l'hiver dans la vallée. Les mâles, très appréciés dans les régions céréalières, tiraient la charrue

dans de grandes exploitations beauceronnes, leur fumier engraissait les terres ; après quelques années de bons et loyaux services, on les retrouvait à l'étal des boucheries parisiennes. Quand le tracteur a chassé le bœuf, les engrais ont remplacé le fumier, l'animal a perdu sa raison d'être et l'éleveur d'aubrac, une partie de son utilité.

Entre l'éleveur et le cochon, la cohabitation fut, elle aussi, longtemps fructueuse. Dans chaque ferme, on engraissait deux ou trois gorets pour remplir le saloir familial.

Le cochon, de nature bohème, glanait, se satisfaisait des restes de la table ; l'eau de vaisselle et le petit lait allongeaient sa soupe ; selon l'abondance des récoltes, il avait droit à des pommes de terre, des topinambours, des betteraves et un peu de grain. Cul noir du Limousin, basque, gascon, de Bayeux, de Miélan, blanc de l'Ouest, craonnais... il était lourd et grassouillet.

À l'entrée de l'hiver, généralement à la Saint-Martin, ou au début du printemps, pour célébrer la fin du Carême, ses cent kilos de viande et de gras tombaient sous le couteau de l'éleveur. Ce jour-là, le hameau prenait des airs de fête.

Tandis que les hommes découpaient le cochon, les femmes s'affairaient dans la cuisine. Dans la marmite, le sang, la gorge et les oignons bouillottaient ; dans le four à pain, les terrines doraient lentement. Le même soir, les boudins frais reposaient sur un lit de paille, les saucisses pendaient au plafond ou dans la cheminée. Place à la ripaille ! Tout le cochon avait été transformé, de la tête aux pieds, rien ne se perdait. Généreux animal !

Tandis que les hommes découpaient le cochon, les femmes s'affairaient à la cuisine. Dans la marmite, le sang, la gorge et les oignons bouillottaient.

Blanche du Massif central, rouge du Roussillon, caussenarde des Garrigues, tarasconnaise, Préalpes du Sud... La brebis a longtemps été au cœur d'une économie pastorale où le lait et la laine avaient autant de valeur que la viande. À l'automne, saison des chaleurs et du rut, les luttes commençaient, les béliers montaient les brebis. Cent quarante-cinq jours plus tard, les femelles mettaient bas. Les premiers agneaux naissaient fin février, tétaient leur mère pendant cinquante à soixante jours, avant d'être abattus, tradition pascale oblige ! Aux premiers beaux jours, quand l'herbe commençait à repousser, béliers, mères et agneaux transhumaient jusqu'aux alpages. La nourriture était abondante ; les agneaux se nourrissaient du lait des brebis, le surplus était transformé en fromage, la laine s'épaississait. Le berger trompait comme il pouvait sa solitude. L'automne suivant, le troupeau redescendait dans la vallée. Les agneaux dits "d'herbe", par opposition à leurs frères dits "de lait" abattus à Pâques, étaient vendus pour leur viande à l'âge de six mois. Les mères étaient libres pour une nouvelle gestation, le cycle pouvait recommencer. L'éleveur et l'animal exploitaient la diversité du territoire, l'occupaient avec harmonie, se calaient avec intelligence sur le rythme des saisons. Souvenirs... Souvenirs...

L'ÉLEVEUR ET L'ANIMAL EXPLOITAIENT LA DIVERSITÉ DU TERRITOIRE, L'OCCUPAIENT AVEC HARMONIE, SE CALAIENT AVEC INTELLIGENCE SUR LE RYTHME DES SAISONS.

Chaque région française avait sa tradition d'élevage et ses races bovines propres. Jusqu'à une période récente. Augeronne, bessarde, quercy, nivernaise, betizus, bressanne, vache d'Urt, comtoise, massanaise, cauchoise, mézenc, cotentine, choletaise, garonnaise, fémeline, landaise, morbihannaise... des dizaines de races se sont éteintes au cours du XXe siècle. La France n'en compte plus aujourd'hui que trente-neuf. Et encore ! La plupart ne survivent que grâce à la ténacité d'une poignée d'éleveurs. Au dernier recensement, on dénombrait seulement deux cent neuf froment du Léon, cent trente-huit lourdaises, cent armoricaines, soixante maraîchines, vingt-huit bordelaises !

La laitière, noire et blanche, dite Holstein, venue de Hollande, s'est imposée sur le devant de la scène, abandonnant à la normande le second rôle. Les célèbres races à viande françaises ont mieux résisté : charolaise, limousine, maine-anjou, blonde d'Aquitaine, salers, parthenaise... sont reconnues dans le monde entier. Telles des reines de beauté, elles se disputent, dans les concours, les médailles que les éleveurs accrochent fièrement au mur de l'étable. Élever, c'est aussi défendre la diversité des races et leur originalité.

ÉLEVER, C'EST AUSSI DÉFENDRE LA DIVERSITÉ DES RACES ET LEUR ORIGINALITÉ.

Élever, c'est enfin laisser du temps au temps, permettre à l'animal de grandir à son rythme, le respecter, de la naissance à l'abattoir. Un poulet élevé en quarante-deux jours ? Une hérésie moderne ! Un veau de batterie gavé de poudre de lait ? Une insulte à la tradition ! Un bovin engraissé à marche forcée en dix-huit mois ? Un non-sens gastronomique ! En revanche, si l'éleveur permet au poulet de gambader cinq mois durant, le nourrit avec du grain et le plume avec soin, c'est la garantie d'une chair parfumée et savoureuse. S'il tolère que le veau tète sa mère et pousse à son rythme, comme le veut la tradition séculaire en Corrèze, l'escalope non seulement ne fondra pas dans la poêle, mais éveillera avec bonheur les papilles du gastronome. S'il consent à laisser le bœuf ou la génisse brouter trente-six mois, lui apporte de temps à autre un peu de foin, le finit à l'auge avec des céréales, l'entrecôte promet d'être rouge à souhait, persillée et tendre. Pour peu que le boucher, en homme de l'art, respecte le temps de maturation de toute viande.

"Les animaux ? Faut les aimer, pas les bousculer. Faut les choyer et les nourrir sainement. Et quand une bête est bonne, croyez-moi, elle est bonne de la tête à la queue", s'enthousiasme un éleveur de limousines, rencontré sur un marché aux bestiaux.
Peut-on imaginer meilleure réponse à l'enfant qui demande si les vaches sont heureuses ?

HOTE

AMMONITRATE 33,5%

Il sait vendre paille pour grain…

Citation du XIIIe siècle

Estafette 800

Quelle condition vous paraît la plus délicieuse et la plus libre,

ou des bergers ou des brebis... *La Bruyère*

FEMELLES
2e PRIX
20e SECTION FEMELLES
2e PRIX
3e PRIX
FEMELLES
17e SECTION
3e PRIX
1971
ESPECE BOVINE
1971
ESPECE BOVINE
MALES
PRIX DE CHAMPIONNAT
ESPECE BOVINE
FEMELLES 10e SECTION
PRIX
CHESNE
1971
ESPECE BOVINE
RAPPEL DE CHAMPIONNAT
ESPECE BOVINE
FEMELLES
12e SECTION
2e PRIX

Curling

303
KP 01

AVENIR PUBLICITE
600A
acheter...rénover...construire
Prêts immobiliers de la Caisse d'Epargne
600B
DANIEL GUICHARD
DANIEL GUICHARD
DANIEL GUICHARD
DANIEL GUICHARD
PACHACAMAC
600C
NICOLE RIEU
BRIOUDE
PM 250
PT 650

Odeurs

Sentir, humer, respirer
L'odeur sucrée du foin coupé
L'humidité de la terre labourée
Les fleurs des champs de maïs
Ont des parfums de douce épice
Les colzas mûris sentent le chou
Pas si désagréable je l'avoue
Le citadin déplore parfois
La bouse de vache, le lisier de porc
Le fumier épandu sur le sol
Ne fait pas fuir les campagnols
Effluves douces du bois scié
De paille fraîchement coupée
Odeurs du soir sortant de terre
S'échappent dans l'atmosphère
Elles nous saisissent nous envahissent
Sentir le vent, sentir la pluie
Se sentir bien, sentir la vie.

80

Homme
cheval
oisel et chien,
s'il ne travaille
il ne vault rien.

Gace de la Bigue

Ouvrir les portes de l'étable
et voir un veau juste né,
couché le long du flanc
de sa mère, bien léché,
encore humide
avec ses poils hirsutes.
Attendre.
Le voir se secouer,
commencer à rassembler
ses pattes.
Puis doucement, avec difficulté,
il lève son derrière
et cherche
à se mettre debout.

Brebis qui bêle perd sa goulée.

Georges Meurier

PRODUIRE NOURRIR

PRODUIRE, NOURRIR

SEMER, CULTIVER, ÉLEVER, récolter, en un mot, produire. Depuis que l'homme a délaissé la cueillette pour l'agriculture, le paysan n'a d'autre raison d'être que de nourrir les hommes.

DEPUIS QUE L'HOMME
A DÉLAISSÉ LA CUEILLETTE
POUR L'AGRICULTURE,
LE PAYSAN N'A D'AUTRE RAISON
D'ÊTRE QUE DE NOURRIR
SES SEMBLABLES.

Noble tâche dont il s'est acquitté avec plus ou moins de bonheur au fil des siècles ; souvent – c'est encore le cas dans de nombreux pays –, les disettes ont succédé aux rares années d'opulence. La dernière fois que les Français ont souffert de la faim, ce fut pendant la Seconde Guerre mondiale.

À la Libération, le gouvernement décréta une nouvelle mobilisation, celle des paysans. Il fallait produire davantage, le pays était affamé, l'explosion démographique menaçait. En 1947, les rapporteurs de la Commission de la famille, de la population et de la santé publique, annonçaient, catégoriques : "D'heureux indices nous permettent d'envisager une amélioration de la natalité française, mais nous avons l'impérieux besoin d'assurer la vie de ces futurs petits enfants (...), c'est pourquoi il nous faut du lait en quantité et en qualité".

Malheureusement l'agriculture française était à l'image du pays : exsangue ! Les Allemands s'étaient approprié le meilleur des cheptels ; la disparition des plus beaux reproducteurs laissait un troupeau hybride : 40 % des bêtes avaient une origine indéfinissable. La vache française donnait seulement 2 000 litres de lait par an, contre 3 000 pour l'allemande et 4 200 pour la hollandaise. Un kilomètre carré de pâturage nourrissait 28 vaches en Italie, 48 en Allemagne, 74 au Danemark, 93 aux Pays-Bas... seulement 27 dans nos campagnes.

Produire plus ! Volontiers, mais avec quels moyens ? La France, qui disposait de 35 000 tracteurs en 1939 – les premiers étaient apparus vers 1910 –, n'en détenait plus que 28 000 à la fin du conflit, alors que la Grande-Bretagne en alignait 172 000. Le sociologue Alfred

Sauvy constatait, amer : "Aucun pays ne recèle un potentiel de production sous-utilisé comparable à celui de notre pays". Et dans les villes, après avoir réclamé "Le pain, le pain, la liberté !", la population ouvrière grandissante revendiquait son "bifteck quotidien".

Les paysans répondirent à la demande du gouvernement et des citadins. Au-delà de toutes les espérances. En vingt-cinq ans, de 1949 à 1974, l'agriculture française battit des records : la récolte de blé passa de 81 à 189 millions de quintaux, la collecte de lait doubla, de 130 à 284 millions d'hectolitres, la production de bœuf s'accrut de 675 000 à 1 518 000 tonnes. Tous les domaines de production – poulets, lapins, cochons, fruits et légumes – connurent le même essor. Spectaculaire !

Cette révolution productiviste fut d'autant plus significative qu'elle s'accompagna d'un exode rural sans précédent : entre 1954 et 1968, le monde agricole perdit près de deux millions d'actifs. La machine remplaça l'homme. Le plan Marshall aidant, les tracteurs américains John Deere, Massey et Ferguson envahirent les exploitations françaises : pas moins d'un million labouraient les champs au début des années 1960. Même prolifération des moissonneuses-batteuses : le parc fut multiplié par trente-sept entre 1950 et 1973.

Dans les laboratoires de l'I.N.R.A., les chercheurs n'eurent de cesse d'améliorer les "performances" des plantes, comme des animaux. La sélection génétique, associée à l'emploi des engrais et des pesticides, dopa les rendements des céréales, de la vigne, des fruits et légumes. Le développement du maïs d'ensilage et des prairies artificielles stimula la production laitière. Celle des poulets, des porcs et des œufs s'industrialisa. Pendant que la politique européenne des aides à l'agriculture accompagnait la révolution technique, l'industrie agroalimentaire tournait à plein régime : les laiteries s'agrandissaient, de vastes usines de beurre et de yaourts s'implantaient en Bretagne, en Normandie et en Poitou-Charentes, les coopératives viticoles gagnaient en importance, d'immenses abattoirs régionaux ouvraient leurs portes. Les ateliers de découpe prenaient le relais de la boucherie artisanale, les grandes surfaces supplantaient les petits commerces.

Moins de vingt ans après la fin de la guerre, les paysans avaient largement rempli leur contrat : couvrir les besoins alimentaires de la population française et faire baisser le coût du panier de la ménagère. En 1953, un ouvrier devait travailler quatre-vingts heures pour acheter un kilo de viande ; aujourd'hui, un smicard

s'offre un kilo de bœuf en moins de trois heures de labeur.
Revers de la médaille : les premiers excédents ! Sur les marchés agricoles, les crises se succèdent. Difficile d'adapter l'offre à la demande en ce domaine, surtout avec l'ouverture des frontières, liée à la politique agricole commune. Cette révolution structurelle masque de profondes disparités à l'intérieur de la paysannerie, entre les régions également. Les écarts de revenus agricoles se creusent. Certains élevages traditionnels, celui de l'agneau par exemple, vivent mal la modernisation à marche forcée. Des fermes disparaissent. Par ailleurs, comment concilier production de masse et qualité ? Les consommateurs se familiarisent avec les tomates sans saveur, le poulet aux hormones et le pain industriel. Quand certains produits, et c'est heureux, se démocratisent, c'est trop souvent au détriment du plaisir des papilles. L'image de l'agriculture en souffre, le paysan le ressent comme une injustice.
La règle connaît par bonheur des exceptions. Nombreuses. Il suffit de parcourir la mosaïque des terroirs français pour les découvrir. Pas de miracle. Chaque produit de qualité résulte du savoir-faire d'un producteur, de son talent, de son souci, non seulement de produire pour nourrir, mais surtout de procurer du plaisir en bouche. Les fromages A.O.C. par exemple. Le roquefort fut l'un des premiers à décrocher la précieuse appellation. Cette pâte persillée, au lait cru de brebis, affinée dans les caves de Roquefort-sur-Soulzon, offre en fonction du climat, de la qualité du lait, du talent des producteurs – ils ne sont plus que sept – une variété de textures, une diversité de saveurs et un caractère qui réveillent les papilles et invitent à la dégustation. Un fromage de terroir aux antipodes des fabrications industrielles, "marketing", lisses et anémiées, qui fait vivre dignement des centaines d'éleveurs de brebis de l'Aveyron.

QUAND CERTAINS PRODUITS, ET C'EST HEUREUX, SE DÉMOCRATISENT, C'EST TROP SOUVENT AU DÉTRIMENT DU PLAISIR DES PAPILLES. L'IMAGE DE L'AGRICULTURE EN SOUFFRE, LE PAYSAN LE RESSENT COMME UNE INJUSTICE.

De la même veine, le comté, le laguiole, le beaufort, le rocamadour, le munster, la crème d'Isigny, les noix de Grenoble ou du Périgord, le chasselas de Moissac, le mouton de Barèges-Gavarnie, les pommes de terre primeur de l'île de Ré, l'huile d'olive de la vallée des Baux-de-

Provence, les lentilles vertes du Puy, le miel de Corse...
Saluons ces milliers de vignerons sincères et talentueux, détenteurs ou non d'une A.O.C., attachés à la typicité d'un terroir et à leur savoir-faire. Ces paysans qui nous régalent avec bonheur ont un point commun : ils démontrent qu'il n'y a pas de fatalité à la médiocrité et à l'uniformisation – mondialisation oblige – des goûts.

Audacieux et pugnaces, ces hommes et ces femmes se battent quotidiennement contre le découragement lié aux structures commerciales qui font la loi et contre les idées reçues des consommateurs.
Encourageons-les, ces paysans ! Ils ne se contentent pas de produire et de nourrir. Ils font fructifier notre patrimoine gastronomique, contribuent à nous offrir une alimentation saine, entretiennent la nature et la vitalité de nos terroirs.

JOHN DEERE
1020

4826 CY 69

Grimme

La patate, il y avait
tous les goûts de la terre dedans,
des goûts du fond
du diable, comme on dit ;
ça fondait
au chaud de la langue
comme un beurre.
C'est bête
ce que je vais te dire,
mais ça avait
un goût d'ombre,
ou un goût d'ombre,
de terre fraîche et d'air.

Jean Giono

Le mot « paysan » me paraît être le plus riche de sens,
parce qu'il évoque une activité,
un état, une durée, un enracinement.
L'utilisant ici, je le ferai avec respect, parce que ceux
qui gardent ce nom font vivre pays et paysages.
Il y a plus de deux milliards de « paysans »
dans le monde. L'évolution les met en question
et les villes ne peuvent les accueillir.
Une modernité est en train de s'inventer,
qui façonne des paysans différents de ceux qu'ils étaient
mais différents de ce que la nécessité de produire
a voulu faire d'eux...

... À force d'entendre parler de l'agriculture
en termes marchands, j'éprouve un furieux besoin
de la respecter comme élément essentiel
de notre civilisation.
Pour être compris, je citerais le biologiste
Jean Rostand : « Tout ce que l'homme a ajouté à l'Homme,
c'est ce que nous appelons en bloc la civilisation. »
À bien considérer l'Histoire, on est en droit de dire
qu'aucun secteur ne nous a apporté
autant que l'agriculture.
Depuis l'origine des temps humains.

Edgard Pisani

030

RICARD
ANISETTE

centauro
LUCAS P

Cependant Monsieur l'Appétit venait,
et par bonne opportunité s'asseyait à table.
Au commencement du repas
était lue quelque histoire plaisante
des anciennes prouesses
jusques à ce qu'il eut pris son vin.
Lors si bon lui semblait,
on continuait la lecture,
on commençait à deviser joyeusement ensemble,
parlant pour les premiers mois de la vertu,
propriété efficace et nature de tout ce qui
lui était servi à table : du pain, du vin, de l'eau,
du sel, des viandes, des poissons,
fruits, herbes, racines et l'apprêt d'icelles.

Rabelais

Et la profonde houle et l'océan des blés,
Et la mouvante écume et nos greniers comblés...

Charles Péguy

NEW HOLLAND

SANDERS

Origine et légende des illustrations

Couverture - *Retour des champs dans les Flandres*, Nord, 1981.

Pages de garde - *En Marais breton*, Vendée, 1976.

p. 2 - *Alimentation des veaux en Dijonnais*, Côte-d'Or, 1973.

p. 11 - *Récolte du colza en Bresse*, Ain, 1969.

p. 16 - *En Châtillonnais*, Côte-d'Or, 1973.

p. 17 - *En Couserans*, Ariège, 1975.

p. 18 - *En Couserans*, Ariège, 1973.

p. 19 - *En Pays d'Othe*, Yonne, 1960.

p. 20 - *Dans le massif du Meygal*, Haute-Loire, 1969.

p. 22 haut - *Pause café du laitier dans le Perche*, Orne, 1981.

p. 21 - *En Beaujolais*, Rhône, 1974.

p. 22 bas - *Au col des Saisies*, Savoie, 1976.

p. 23 haut - *Livraison à la fromagerie en Alsace*, Bas-Rhin, 1980.

p. 23 bas - *Collines du Perche*, Orne, 1969.

p. 24-25 - *Maison La Basquette en Béarn*, Pyrénées-Atlantiques, 1984.

p. 26 - *Traitement des pommes de terre, en Couserans*, Ariège, 1972.

p. 27 haut - *Transport du fumier en Albanais*, Savoie, 1975.

p. 27 bas - *En Couserans*, Ariège, 1975.

p. 28 - *En Tarentaise*, Savoie, 1975.

p. 29 - *Récolte du foin et chargement d'un "barillon", Massif de l'Oisans*, Isère, 1976.

p. 30 - *Râtelage du regain en Alsace bossue*, Bas-Rhin, 1980.

p. 31 - *En Tarentaise*, Savoie, 1975.

p. 32 - *Après la traite, en Couserans*, Ariège, 1976.

p. 33 - *À l'abreuvoir, en Couserans*, Ariège, 1976.

p. 34 - *En Couserans*, Ariège, 1976.

p. 35 - *L'épicier ambulant en Velay*, Haute-Loire, 1977.

p. 37 - *La boulangère en tournée dans le Bergeracois*, Dordogne, 1979.

p. 36 - *Pays de Gaure,* Gers, 1973.

p. 38 et p. 39 haut - *Le marché en Lomagne,* Gers, 1973.

p. 38 et p. 39 bas - *Le marché de Saint-Girons*, Ariège, 1972.

p. 40-41 - *Mariage à Balagué en Couserans*, Ariège, 1976.

p. 42 - *À l'écoute du technicien agricole en Gâtine*, Deux-Sèvres, 1968.

p. 43 - *En Blaisois*, Loir-et-Cher, 1977.

p. 44-45 - *En Boischaut*, Cher, 1967.

p. 46 -
En Bessin, Manche,
1970.

p. 47 -
En Terres Froides,
Isère, 1968.

p. 48 - *Au café du village en Auxois*,
Côte-d'Or,
1983.

p. 49 - *La coupe du pain, en Châtaigneraie*,
Cantal,
1973.

p. 50 -
En Petite Montagne,
Ain, 1975.

p. 51 -
En Couserans,
Ariège, 1974.

p. 52 -
Lessive d'hiver en Trégor,
Côtes-d'Armor,
1969.

p. 53 -
Au four banal dans les Bauges,
Savoie,
1976.

p. 54 -
À Pugnet, près de Chambéry,
Savoie, 1966.

p. 55 -
On épluche les légumes en Tarantaise,
Savoie, 1960.

p. 56-57 - *Lavage de la laine en Couserans*,
Ariège, 1973.

p. 58 -
Retour du jardin en Santerre,
Somme,
1979.

p. 59 - *En Champsaur*,
Hautes-Alpes,
1979.

p. 60 -
En Margeride,
Lozère, 1977.

p. 61 - *Sur le chemin du marché, en Bresse*,
Ain, 1966.

p. 62 -
En Margeride,
Lozère, 1983.

p. 63 -
Au Pays de Boutières,
Haute-Loire, 1983.

p. 64 - *Intérieur d'un buron en Planèze*,
Cantal,
1973.

p. 65 - *Chalet d'alpage en Chartreuse*,
Isère,
1976.

p. 66 - *On arrose les plants de choux dans le Mantois*,
Yvelines, 1976.

p. 67 -
Le semis du maïs en Plantaurel,
Ariège, 1975.

p. 69 -
En Couserans,
Ariège,
1972.

p. 70 haut -
En Couserans,
Ariège,
1972.

p. 70 bas -
En Mantois,
Yvelines
1975.

p. 71 haut -
Prêt pour le sulfatage en Couserans,
Ariège, 1972.

p. 71 bas -
En Couserans,
Ariège, 1972.

p. 72-73 - *En Couserans*,
Ariège, 1972.

p. 74 - *En Couserans*,
Ariège,
1975.

p. 75 -
Tri du maïs en Béarn,
Pyrénées-Atlantiques,
1980.

p. 76-77 - *Gaulage des pommes à cidre dans le Bocage*,
Manche, 1980.

p. 78 -
Les frères Dagands dans les Bauges,
Haute-Savoie,
1984.

p. 79 - *En Couserans*, Ariège, 1975.

p. 80 - *En Châtaigneraie*, Cantal, 1973.

p. 81 - *On traite la vigne en Bas Armagnac*, Gers, 1971.

p. 82 - *Le "Pony", vestige du plan Marshall, en Couserans*, Ariège, 1975.

p. 83 - *On moissonne le colza en Beauce*, Loir-et-Cher, 1980.

p. 84 - *Binage des betteraves sucrières en Vallois*, Oise, 1971.

p. 85 - *En Artois*, Pas-de-Calais, 1979.

p. 86 haut - *La traite au pré en Avesnois*, Nord, 1991.

86 bas - *Relevage des bottes de foin en Pays de Rance*, Ille-et-Vilaine, 1974.

p. 87 haut - *Scène de battage à Belle-Île en Mer*, Morbihan, 1977.

p. 87 bas - *En Alsace*, Bas-Rhin, 1977.

p. 88-89 - *Réaffûtage de la faux dans le massif des Bauges*, Savoie, 1974.

p. 90 - *Le vieux gemmeur dans sa vigne au Pays de Born*, Landes, 1970.

p. 91 - *Coupe de la lavande en Pays du Buëch*, Hautes-Alpes, 1979.

p. 92 - *Atelier de ganterie à la ferme en Chartreuse*, Savoie, 1966.

p. 93 - *Pays de Gray*, Haute-Saône, 1966.

p. 94 - *Le car scolaire en Velay*, Haute-Loire, 1977.

p. 95 - *À l'école de Sassay, en Sologne*, Loir-et-Cher, 1965.

p. 96-97 - *Retour du jardin en Amance*, Haute-Marne, 1972.

p. 98 - *Les Halles de Baltard*, Paris, 1968.

p. 99 - *Rue Mondétour*, Paris, 1968.

p. 100 haut - *Au marché de Tarascon-sur-Ariège*, Ariège, 1975.

p. 101 haut - *Le marché aux bestiaux à Ploeuc-sur-Lié*, Côtes-d'Armor, 1970.

p. 100 bas - *En Bigorre*, Hautes-Pyrénées, 1968.

p. 101 bas - *Convoyage de l'alambic en Mantois*, Yvelines, 1976.

p. 102 - *Bienvillers-au-Bois*, Pas-de-Calais, 1978.

p. 103 haut - *Merci facteur ! dans le Boischaut*, Cher, 1967.

p. 103 bas - *En Couserans*, Ariège, 1981.

p. 104-105 - *Labours au Pays de Rance*, Ille-et-Vilaine, 1980.

p. 106 - *En Couserans*, Ariège, 1981.

p. 107 - *En route pour l'hortillonnage, Marais de Saint-Omer*, Pas-de-Calais, 1984.

p. 108 - *Tourisme rural en Marais Breton*, Vendée, 1972.

p. 109 - *Binage des carottes dans le Cotentin*, Manche, 1970.

p. 110 - *La batteuse à Belle-Île en Mer*, Morbihan, 1977.

p. 111 - *Préparation d'une meule de foin en Vallée d'Ustou*, Ariège, 1975.

p. 112 - *En Couserans*, Ariège, 1975.

p. 113 - *En Couserans*, Ariège, 1975.

p. 114 - *En Couserans*, Ariège, 1972.

p. 115 - *Au Pays de Léon*, Finistère, 1974.

p. 116 - *En Couserans*, Ariège, 1972.

p. 117 - *Quartier de La Défense*, Paris, 1967.

p. 118 haut - *Binage du maïs en Condomois*, Gers, 1971.

p. 118 bas - *Dans la région de Besançon*, Doubs, 1984.

p. 119 haut - *On vendange sur les versants de l'Épine*, Savoie, 1973.

p. 119 bas - *En Châtillonnais*, Côte-d'or, 1973.

p. 120-121 - *On plante les pommes de terre dans le Mantois*, Yvelines, 1978.

p. 122 - *En Rivière Basse*, Gers, 1967.

p. 123 - *Bocage de Bressuire*, Deux-Sèvres, 1990.

p. 124 - *Pays de Redon*, Ille-et-Vilaine, 1998.

p. 125 - *Plateau de Millevaches*, Corrèze, 1977.

p. 127 - *En Albigeois*, Tarn, 1982.

p. 132 - *Terres Froides*, Isère, 1968.

p. 133 - *En Gâtine*, Deux-Sèvres, 1968.

p. 134 haut -
En Mantois,
Yvelines, 1975.

p. 134 bas -
En Bas Armagnac,
Gers, 1977.

p. 135 -
En Baronnies,
Drôme,
1968.

p. 136-137 - *Le marché au cadran de Guerlesquin*, Finistère, 1974.

p. 138 -
Agriculteurs alsaciens,
Bas-Rhin,
1980.

p. 139 -
En Chalosse,
Landes,
1978.

p. 140 haut gauche -
Pays de Hagueneau,
Bas-Rhin, 1980.

p. 140 haut droite -
Entre Deux Mers, Gironde 1978.

p. 140 bas -
Bas Armagnac,
Gers 1967.

p. 141 haut gauche -
En Verdon, Var, 1993.

p. 141 haut droite -
En Volvestre,
Ariège, 1975.

p. 141 bas -
En Margeride,
Lozère, 1977.

p. 142 -
En route pour les vendanges dans l'Entre Deux Mers,
Gironde,
1968.

p. 143 haut -
Massif de l'Arize,
Ariège,
1973.

p. 143 bas -
En Champsaur,
Hautes-Alpes,
1984.

p. 144 -
En Gâtine,
Deux-Sèvres,
1968.

p. 145 -
Massif de l'Espinouse,
Hérault,
1970.

p. 147 -
En Tardenois,
Marne,
1983.

p. 148 -
En Trégor,
Côtes-d'Armor, 1969.

p. 149 haut - *En Margeride*, Haute-Loire, 1977.

p. 149 bas - *Au Pays de Gex*, Ain, 1987.

p. 150 - *Massif de la Chartreuse*, Savoie, 1971.

p. 151 haut - *Manifestation paysanne à Saint-Lô*, Manche, 1981.

p. 151 bas - *Manifestation paysanne à Rennes*, Ille-et-Vilaine, 1969.

p. 152-153 - *Bergers sur le retour des estives, Vallée de Sentein*, Ariège, 1975.

p. 154-155 - *C'est bon le miel ! en Razès*, Aude, 1981.

p. 156 haut - *Petit Bugey*, Savoie, 1965.

p. 157 - *En Pays d'Ouche*, Eure, 1980.

p. 156 bas - *Au Pays de Lorient*, Morbihan, 1976.

p. 158 - *Promenade quotidienne en Béarn*, Pyr.-Atlantiques, 1984.

p. 159 - *Castrage du maïs en Rivière Basse*, Gers, 1979.

p. 160 haut gauche - *En Lévezou*, Aveyron, 1971.

p. 160 haut droite - *En Larzac*, Aveyron, 1981.

p. 160 bas - *En Quercy*, Tarn-et-Garonne, 1978.

p. 161 haut gauche - *Vallée de Sentein*, Ariège, 1975.

p. 161 haut droite - *En Haut Verdon*, Alpes de Haute-Provence, 1993.

p. 161 bas - *En Bresse*, Ain, 1969.

p. 162 - *En Artois*, Pas-de-Calais, 1984.

p. 163 - *En Kochersberg*, Bas-Rhin, 1981.

p. 164-165 - *En Avranchin*, Manche, 1969.

p. 166 - *En Margeride*, Haute-Loire, 1981.

p. 167 - *En Sologne*, Loir-et-Cher, 1980.

p. 168-169 - *Au marché d'Yssingeaux*, Haute-Loire, 1977.

p. 170 - *En Petit Bugey*, Savoie, 1965.

p. 171 - *Au Pays de Léon*, Finistère, 1974.

p. 172 haut gauche - *En Sabarthès*, Ariège, 1975.

p. 172 haut droite - *Massif des Bauges*, Savoie, 1969.

p. 172 bas - *En Aganaguès*, Ariège, 1974.

p. 173 haut gauche - *Au Pays d'Olmes*, Ariège, 1972.

p. 173 haut droite - *En Couserans*, Ariège, 1972.

p. 173 bas - *En Thiérarche*, Ardennes, 1978.

p. 174 - *En Cévennes*, Gard, 1970.

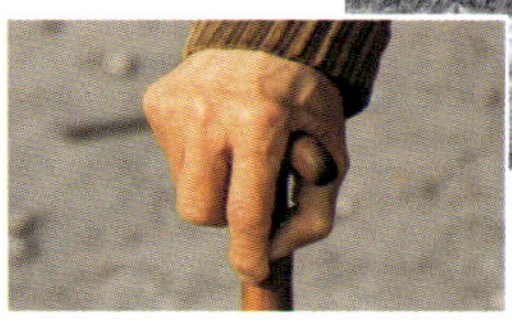

p. 175 - *En Mantois*, Yvelines, 1974.

p. 176-177 - *En Woëvre*, Meuse, 1986.

p. 179 - *Au marché de Laissac*, Aveyron, 1984.

p. 184-185 - *Région de Besançon*, Doubs, 1984.

p. 186 - *En Albigeois*, Tarn, 1994.

p. 187 haut - *En Cotentin*, Manche, 1982.

p. 187 bas - *En Oisans*, Isère, 1976.

p. 188 haut - *Au marché de Ploeuc-sur-Lié*, Côtes-d'Armor, 1979.

p. 188 bas - *Au marché de Moulins*, Allier, 1987.

p. 189 - *Au marché de Seix*, Ariège, 1981.

p. 190 - *Au marché de Landivisiau*, Finistère, 1967.

p. 191 -
En Chalosse,
Landes,
1978.

p. 192 -
Au marché
de Tarbes,
Hautes-Pyrénées,
1975.

p. 193 haut -
Au marché
de Chabanais,
Charente, 1970.

p. 193 bas -
Au marché
de Ploeuc-sur-Lié,
Côtes-d'Armor, 1970.

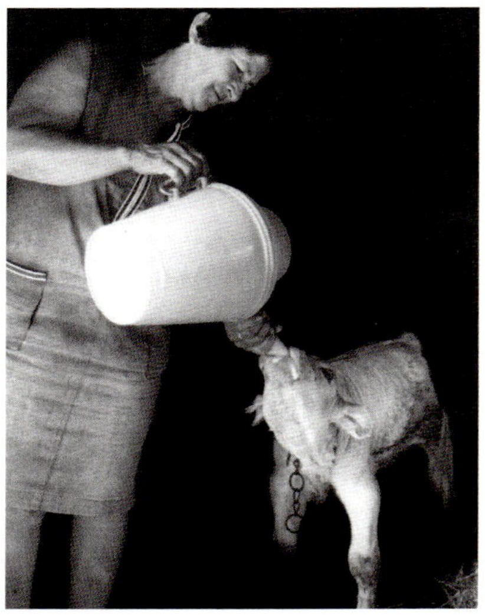

p. 194 - *En*
Couserans,
Ariège,
1975.

p. 195 -
Au marché
de Chabanais,
Charente,
1970.

p. 196-197 -
Sur les Monts de Lacaune, Tarn,
1978.

p. 198 haut -
En Lavedan,
Hautes-Pyrénées,
1981.

p. 199 haut -
En Argonne,
Ardennes, 1978.

p. 198 bas -
En Châtaigneraie,
Cantal, 1984.

p. 199 bas -
Grandes Landes,
Landes,
1984.

p. 200-201- *Le dernier cheval*
du village, en Mantois, Yvelines,
1975.

p. 202 haut -
Au marché
de Desvres,
Pas-de-Calais,
1979.

p. 202 bas -
Au marché
de Bourg-en-
Bresse,
Ain, 1969.

p. 203 -
Au marché
de Brioude,
Haute-Loire,
1976.

p. 205 -
Tribu
de canetons, en
Sidobre, Tarn,
1982.

p. 206 - *La « fête du cochon » en Ségala*, Aveyron, 1982.

p. 207 - *La mise au saloir, au Pays d'Auge*, Calvados, 1980.

p. 208 - *Après la traite au Pays d'Auge*, Calvados, 1980.

p. 209 - *En Haute-Marche*, Creuse, 1987.

p. 210-211 - *« Les Beurreries », en Mantois,* Yvelines, 2003.

p. 212-213 - *Envol de dindes, en Pays de la Vienne*, Haute-Vienne, 1979.

p. 214 - *En Vallespir*, Pyrénées-Orientales, 1972.

p. 215 - *En Trégor*, Finistère, 1965.

p. 216-217 - *En Couserans*, Ariège, 1975.

p. 218 - *En Couserans*, Ariège, 1972.

p. 219 - *En Amiénois*, Somme, 1973.

p. 220 - *Salers en Artense*, Cantal, 1984.

p. 221 - *Normandes en Avranchin*, Manche, 1981.

p. 222-223 - *Un vêlage difficile au Pays de Vitré*, Ille-et-Vilaine, 1986.

p. 224 - *Au col de la Pierre Saint-Martin*, Pyrénées-Atlantiques, 1984.

p. 225 - *En Capcir*, Pyrénées-Orientales, 1990.

p. 226 - *Un Mérens en vallée de Bethmale*, Ariège, 1975.

p. 227 - *Vacher aux estives, montagne de l'Arize*, Ariège, 1974.

p. 228 - *Causses du Quercy*, Lot, 1979.

p. 229 - *Montée à l'alpage au col du Coq*, Isère, 1970.

p. 230 haut - *En Léon*, Finistère, 1987.

p. 231 haut - *En Brivadois*, Haute-Loire, 1977.

p. 230 bas - *Blonde d'Aquitaine en Chalosse*, Landes, 1983.

p. 231 bas - *Jeunes oies en Astarac*, Gers, 1982.

p. 232-233 - *La « démontagnée » près de Valberg*, Alpes-Maritimes, 1995.

p. 235 - *En Woëvre*, Meuse, 1989.

p. 240 - *Le ramassage du lait en Artois*, Pas-de-Calais, 1979.

p. 241 - *La récolte du maïs en Lomagne*, Tarn-et-Garonne, 1978.

p. 242 - *Cueillette des artichauts à Saint-Pol de Léon*, Finistère, 1967.

p. 243 - *En Pays de Léon*, Finistère, 1967.

p. 244 haut - *Taille de la vigne à Tavel*, Gard, 1971.

p. 245 haut - *Vendangeurs en Beaujolais*, Rhône, 1972.

p. 244 bas - *Vendanges en Razès*, Aude, 1980.

p. 245 bas - *Vendange, en Beaujolais*, Rhône, 1972.

p. 246 - *Repiquage de salades en Parisis*, Yvelines, 1988.

p. 247 - *En Alsace*, Bas-Rhin, 1980.

p. 248-249 - *Récolte du foin en Santerre*, Somme, 1979.

p. 250 - *Récolte de tabac blond en Civraisien*, Vienne, 1984.

p. 251 - *Livraison du tabac* en Périgord, Dordogne, 1984.

p. 252 haut - *Récolte du maïs dans les Grandes Landes*, Landes, 1984.

p. 252 bas - *en Brignolais*, Var, 1978.

p. 253 - *Machine à récolter les pommes de terre en Pays de Rance*, Ille-et-Vilaine, 1978.

p. 254 - *Semis de maïs sous plastique, en Penthièvre*, Côtes-d'Armor, 1992.

p. 255 - *Vignobles en Corbières*, Aude, 1973.

p. 256 - *Avec la récolteuse à pommes de terre en Léon*, Finistère, 1988.

p. 257 - *Tri du maïs de semence à Beaufort-en-Vallée*, Maine-et-Loire, 1978.

p. 258-259 - *Plantation de melons en Gâtine*, Deux-Sèvres, 1991.

p. 261 haut - *en Dijonnais*, Côte-d'or, 1992.

p. 261 bas - *En Saintonge Romane*, Charente-Maritime, 1989.

p. 262 - *Castrage du maïs en Bas Armagnac*, Gers, 1978.

p. 263 - *Contrôle de qualité du maïs semence en Civraisien*, Vienne, 1993.

p. 264-265 - *Castrage de maïs semence en Rivière Basse*, Gers, 1978.

p. 266 - *À la cave coopérative de Limoux*, Aude, 1980.

p. 267 - *Livraison de pommes de terre primeur à Saint-Méloir-des-Ondes*, Ille-et-Vilaine, 1974.

p. 268 haut - *Traitement aérien de la pyrale du maïs en Mantois*, Yvelines, 1992.

p. 268 bas - *Semis de maïs en Craonnais*, Mayenne, 1991.

p. 269 - *Centre de recherche sur le tabac à Bergerac*, Dordogne, 1993.

p. 271 haut - *Cave d'affinage à Roquefort-sur-Soulzon*, Aveyron, 1988.

p. 271 bas - *Canard gras au marché de Montfort en Chalosse*, Landes, 1978.

p. 272 - *Conserverie de tomates en Comtat Venaissin*, Vaucluse, 1987.

p. 273 - *Récolte de petits pois pour la congélation, en Santerrre*, Somme, 1987.

p. 274 - *Beurre destiné à l'exportation, à Ancenis*, Loire-Atlantique, 1981.

p. 275 - *Le tri des pêches à la conserverie*, Gard, 1989.

p. 276 - *En Beauce*, Eure-et-Loir, 1993.

p. 277 - *En Mantois*, Yvelines, 1987.

p. 278 -
Pays de Thelle,
Oise,
1999.

p. 279 -
Champs de chaumes en Lauragais,
Haute-Garonne, 1989.

p. 280-281 - *Récolte de pommes de terre en Thymerais*,
Eure-et-Loir, 1982.

p. 282 -
Culture in-vitro de plants de rosiers, en Rivière Basse,
Gers,
1989.

p. 283 -
Capsules porte-graines de muflier, en Mantois,
Yvelines,
1988.

Remerciements

... à Jean Magimel, de la revue *Jeunes Agriculteurs*, à l'origine de ma spécialisation de photographe du monde paysan,

... à Anne Luxereau, ethnologue, avec qui j'ai pu découvrir en profondeur l'Ariège des années 1970,

... à Pierre Sarazin, directeur de France Maïs, passionné par les maïsiculteurs et qui m'a introduit dans ce milieu,

... à Maurice-Pierre Fardeau pour ses documents d'archives, à Michel Gastou pour la sélection des clichés et à Émile Perrot pour le choix des citations et l'accompagnement technique de cet ouvrage,

... et à tant de journalistes avec qui, de reportage en reportage, j'ai parcouru la France rurale pendant plus de trente années.

Cette mémoire du monde rural allait-elle dormir
dans l'anonymat d'une photothèque ?
En 1997, avec quelques amis, nous avons décidé de faire vivre
cette mémoire à travers l'exposition PAYS, PAYSANS... NOS RACINES !
Cette exposition itinérante attire chaque année
des milliers de visiteurs à travers tout l'Hexagone.
[*Exposition produite par l'association Racines,
17 place des Trois-Repos - 78920 Ecquevilly*]

Aujourd'hui, grâce aux Éditions De Borée
et au travail patient d'une équipe naît cet ouvrage,
PAYSANS, NOS RACINES, qui permet de mieux comprendre
l'extraordinaire mutation qu'a connu notre agriculture
des années 1960 à nos jours.

Ce livre-mémoire est le fruit de talents
et de compétences artistiques nombreuses.
Mais il doit sa force, sa chaleur humaine, à vous, acteurs du monde paysan,
connus ou inconnus, que j'ai un jour rencontrés.

C'est à vous, témoins de cette histoire, que je tiens à rendre hommage
et à dédier cet ouvrage qui est aussi le vôtre.

PIERRE COLLOMBERT

Auteurs et textes cités

Citations extraites du *Nouveau dictionnaire de la langue française*,
Louis Dochez, 1860, Paris.
Saint-Lambert (p. 18), Jacques Delille (p. 51), Joseph Berchoux (p. 65),
Voltaire (p. 77, 166), Joseph Fénelon (p. 80), Montesquieu (p. 138),
François Andrieux (p. 163), Jean de La Bruyère (p. 197),
Gace de la Bigue (p. 218), Georges Meurier (p. 225).

George Sand (p. 20), et extrait de *La mare au diable* (p. 146)

Yvonne Dubois, *Couleur de terroir* - Éditions de Paris (p. 28)

Louis Cadoux, *En ce temps-là naîssait la foudre* - Éditions Debresse (p. 31)

Alice Parizeau, *Nata et le professeur* (p. 34)

Louis Mercier, *Le poème de la maison* - Éditions Calman-Lévy (p. 44)

Virgile, *Géorgique*, Tome I (p. 68)

André Chamson (p. 78 et p. 84)

Pierre-Joseph Proudhon (p. 159)

Ancien poème irlandais (p. 174)

Jean Giono, *Manosque des plateaux* - Éditions Folio (p. 257)

Edgard Pisani, *Un vieil homme et la Terre. Neuf milliards d'êtres à nourrir. La nature et les sociétés rurales à sauvegarder.*
- Éditions du Seuil, janvier 2004 (p. 260)

François Rabelais, *Gargantua*, Chapitre XXIII (p. 270)

Charles Péguy, *Les Tapisseries de Notre-Dame* (p. 276)

Textes extraits du recueil *De l'encre dans la prairie*,
ouvrage réalisé par la commision féminine de la FDGEDA (Fédération départementale des groupes d'études et de développement agricole) de Haute-Vienne.
Par Anne-Marie, Charlotte, Claudine et Louise, agricultrices en Limousin
(p. 36, 62-63, 82, 122, 204, 223).

Achevé d'imprimer
dans la C.E.
en septembre 2004